Marcelo Rosa Davila

Guia de Boas Práticas para a Administração da Igreja

2ª Edição

São Paulo
Edição do Autor
2018

Todos os direitos de publicação desta obra
Pertencem ao autor.

Capa: Marcelo Rosa Davila.

ISBN KDP: 9781981099061

Selo editorial: Independently published

Dados Internacionais de catalogação e publicação

924886 Davila, Marcelo Rosa.

Guia de Boas Práticas para a Administração da Igreja. 2. Ed./ Marcelo Rosa Davila, São Paulo: ***Kindle Direct Publishing by Amazon***, 2018.

80 p. ; 15,24 x 22,86 cm.

Congregações cristãs, prática e teologia pastoral.

– 2018 –

Proibida a Reprodução Parcial ou Total

Os infratores serão processados na forma da Lei.

Palestras, treinamentos, pedidos e contatos com o Autor: Consulte na Biografia.

Pátria amada, Brasil!

DEDICATÓRIA

Dedico esse livro primeiramente ao Senhor Jesus Cristo, autor da vida e da fé, sem o qual nada podemos fazer. Também à minha esposa, Abigail Davila, que tem me incentivado em todas as áreas da minha vida. À minha mãe, Odete Rosa, que sempre cuidou de mim e ao meu tio materno José Rosa Filho, que me ajudou na minha adolescência a fazer escolhas para a vida. Ao meu irmão Rodrigo, servo de Deus. Aos meus colegas de trabalho da Prefeitura de São Paulo. Aos meus pastores, queridos e admirados, que têm conduzido o rebanho do Senhor com diligência e zelo, sendo meus modelos de inspiração. Por fim, à amada Igreja Unida de Inácio Monteiro, por me ajudar a crescer, por seu amor e confiança.

CONTEÚDO

PALAVRA DO AUTOR..1

INTRODUÇÃO..4

CAPÍTULO 1 - IGREJA E O ESTADO................................9

    1.1   REGISTRO DE MARCA 10

    1.2   CONFISSÃO DE FÉ.......................................12

    1.3   ESTATUTO SOCIAL 13

    1.4   ATA DE FUNDAÇÃO DA DIRETORIA 16

    1.5   CNPJ – CADASTRO NACIONAL DE PESSOA JURÍDICA..16

    1.6   CCM – CADASTRO DE CONTRIBUINTE MOBILIÁRIO 17

    1.7   ATA DE DIRETORIA 18

    1.8   CONTAS DE CONCESSIONÁRIAS..................21

    1.9   CONTA BANCÁRIA 22

    1.10   REGIMENTO INTERNO 24

    1.11   ATAS DE REUNIÕES ORDINÁRIAS E EXTRAORDINÁRIAS...25

CAPÍTULO 2 - MEMBRESIA E FREQUÊNCIA DE CULTO 27

    2.1   CADASTRO DE MEMBROS..........................27

    2.2   FREQUÊNCIA DE CULTO 35

CAPÍTULO 3 - FINANÇAS..38

    3.1   MÉTODOS DE CONTROLE 40

    3.2   ORÇAMENTO DA IGREJA...........................44

3.3 GESTÃO TRANSPARENTE NA IGREJA 48
CAPÍTULO 4 - INVENTÁRIO 56
    4.1 BENS MOBILIÁRIOS..57
    4.2 BENS IMOBILIÁRIOS...60
CAPÍTULO 5 - MÍDIAS..66
CAPÍTULO 6 - EVENTOS 70
CONCLUSÃO 72
APÊNDICE...74
    Modelo 1 – ATA DE REUNIÃO (ORDINÁRIA OU EXTRAORDINÁRIA) 74
    Modelo 2 – FICHA DE MEMBRO................................75
    Modelo 3 – RELATÓRIO FINANCEIRO........................76
    Modelo 4 – MODELO DE RELATÓRIO ANUAL DE DÍZIMOS..77
    Modelo 5 – LISTA DE VERIFICAÇÃO..........................78
BIOGRAFIA DO AUTOR...79

PALAVRA DO AUTOR

Desde muito cedo, sempre tive certeza do que gostava e queria fazer na vida, por isso, logo que comecei a trabalhar, com quinze anos, procurava me dedicar na área de Administração, e, ao longo dos anos, mesmo jovem, Deus foi me dando muitas oportunidades de vivenciar experiências profissionais gratificantes na minha vida.

Aos vinte e três anos, o Senhor me abençoou para que eu pudesse realizar o sonho de me formar no curso de Administração de Empresas e, mais tarde, obtive especialização em Gestão Pública, e estava tão grato e feliz, que decidi assumir o desafio pessoal de simplificar a vida das pessoas, ajudando-as na melhoria de seus trabalhos, e tornando a vida de todos mais fácil.

Reconheço o quanto essas experiências somaram positivamente para minha vida, abençoando muitas pessoas por diversos lugares onde passei, mas também colaborando conjuntamente para meu próprio desenvolvimento pessoal e profissional. Ao abençoar as pessoas, percebi que eu era o maior beneficiado por tais bênçãos.

Confesso, que, apesar de estar feliz, ainda sentia que faltava algo pessoal que precisava fazer. Eu queria ajudar a Igreja e senti que deveria aplicar essas experiências para o bem da Obra de Deus. Não demorou muito para eu perceber que o melhor lugar, aonde eu poderia começar, seria pela igreja aonde sou membro.

Sempre acreditei que, por meio de organização e planejamento, o nome do Senhor seria ainda mais glorificado e foi incrível constatar como soluções simples foram tão maravilhosas!

> *Porque dele e por ele, e para ele, são todas as coisas. Glória, pois, a ele eternamente.* Romanos 11:36.

Quero compartilhar algumas dessas soluções, que acredito que podem servir como ideias abençoadoras, possíveis de serem implementadas na sua igreja, independentemente do tamanho ou quantidade de membros que ela possui hoje.

É possível que algumas dessas soluções sejam mais adequadas para atender as suas necessidades, enquanto que outras não, mas, é como diz em 1 Tessalonicenses 5:21 "Examinai tudo, e retende o bem".

Na área de administração, utiliza-se o Benchmarking como processo de busca das melhores práticas entre as organizações, cujo propósito pode ajudar na obtenção de um desempenho superior. Neste livro, espero fazer Benchmarking com você! Desejo que nossas ideias se unam para o bem maior da Obra de Deus!

Portanto, não temos propósito de usar esse espaço para nos aprofundar em conceitos teóricos, como geralmente ocorre na matéria de Administração Eclesiástica, nos cursos de Bacharel em Teologia, **este livro será um guia de boas práticas baseadas em experiências pessoais e profissionais positivas adquiridas ao longo de muitos anos.**

Bom proveito e que Deus lhe abençoe!

Pr. Marcelo Davila

> *OBSTÁCULOS NÃO DEVEM TE IMPEDIR. SE VOCÊ ENCONTRAR UM MURO, NÃO DESISTA, DESCUBRA COMO ESCALÁ-LO. MICHAEL JORDAN.*

INTRODUÇÃO

Sempre que pensamos nas atividades da igreja, focalizamos quase que totalmente nas "Atividades Fim", como louvor, evangelismo, pregação da Palavra de Deus etc., e deixamos refletir com a devida importância nas "Atividades Meio", que pertencem ao campo da administração, assim, acabamos por gerar certo desequilíbrio na igreja:

Figura 1 – O desafio da liderança é identificar, treinar e usar os seus talentos, para dar um contraponto nesta balança.

É no campo das "Atividades Meio" que ocorre as rotinas que dependem dos talentos naturais (que também são muito úteis no serviço do Reino). Esses talentos são concedidos por Deus para fazer parte de um propósito que atenderá à Sua vontade.

Quando lemos Êxodo 31:1-12 somos informados que o Senhor chamou dois homens, Bezalel e Aoliabe, para realizar trabalhos de fundição, lavor e de tecelagem para os utensílios do Tabernáculo. Tratava-se de um trabalho natural, contudo, foram concedidos por capacitação do Espírito de Deus.

Pense nesses homens trabalhando para edificar um Tabernáculo que, mais tarde, seria o centro do culto em Israel. Sem o uso de seus talentos, Israel não teria um Tabernáculo (ou se tivesse, seria aquém do que deveria). O Tabernáculo era um lugar necessário e adequado para que os sacerdotes pudessem fazer os rituais e cerimônias, que foram estabelecidos por Deus como parte do culto a ser-Lhe prestado. E esse trabalho era tão importante que o Espírito de Deus capacitou aqueles homens para fazê-lo!

No Novo Testamento, temos ainda uma confirmação desta ideia, ao constatar na

Parábola dos Talentos que o Senhor chamou seus servos e **entregou-lhes talentos**, para que administrassem enquanto Ele estivesse fora, devendo, posteriormente, prestar contas com eles (Mateus 25:14). Fica evidente que os talentos foram confiados por Deus a seus servos para que os administrem, enquanto Ele não volta.

Temos nas nossas igrejas excelentes pregações e estudos bíblicos, louvores maravilhosos, dons espirituais e ministeriais, oração, curas, milagres e testemunhos, mas, as mesmas pessoas, que exercem seus dons, também têm talentos, e muitos deles podem ser alocados em benefício da igreja e do Reino de Deus.

Algumas igrejas possuem pessoas com formação, como advogados, contabilistas, profissionais de tecnologia da informação, de comunicação social, engenharia e arquitetura, administração geral etc., porém, na maior parte dos casos, aqueles que ajudam no serviço, não têm necessariamente uma formação, mas, isso não quer dizer que não são capacitados por Deus! A formação ajuda muito, aperfeiçoa o trabalho, mas, o motor que dá o movimento é o talento. Portanto, o nosso desafio é identificá-los!

Acreditamos que todas as igrejas têm pessoas dispostas para ajudar no desenvolvimento das atividades administrativas. Essas pessoas foram capacitadas para trabalhar na estrutura da igreja, nas "Atividades Meio" (administração), para cooperar com tudo mais, que seja atividade fim (adoração, edificação e evangelismo), proporcionando uma igreja dinâmica.

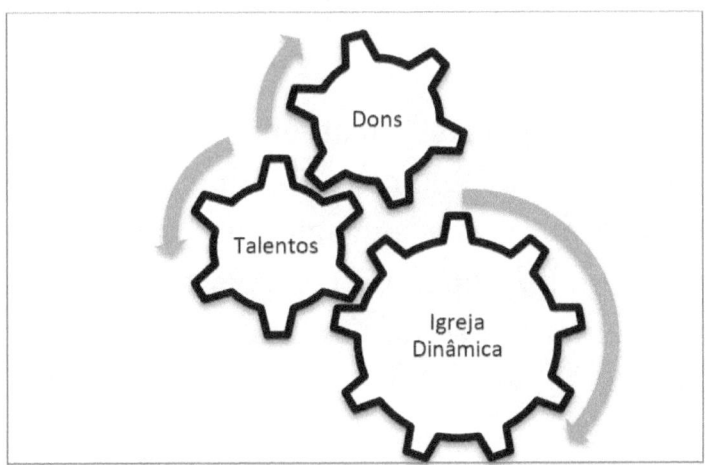

Figura 2 - Os dons e talentos usados em harmonia contribuem para formar uma igreja dinâmica.

A igreja da atualidade possui novas necessidades. As legislações, que antes se destinavam às empresas, agora estão alcançando às igrejas. Um cronograma de adequação precisa ser pensado para avançarmos. Então, seria bom começarmos a trabalhar nisto! Somos a geração que pode ajudar a igreja!

Muitos dos nossos pastores deram sua valorosa contribuição à Obra de Deus, abrindo igrejas, zelando pela doutrina e cuidando do povo e, até certa época, não havia tantas exigências legais para que a igreja se organizasse documentalmente, mas, hoje, as coisas mudaram e precisamos ter um olhar mais atencioso com essas questões.

Quantas igrejas incorrem no risco de sofrerem problemas jurídico, fiscal e outros, por não terem agido acertadamente, em tempo oportuno, registrando seus documentos, fazendo uma ATA de Diretoria etc.

Temos agora o desafio de remir o tempo! Podemos começar a colocar essas questões na ordem do dia.

Espero que esse livro lhe inspire e ajude neste sentido! Então, mãos à obra!

> *A HUMANIDADE SE DIVIDE EM TRÊS CATEGORIAS: OS QUE NÃO PODEM SE MEXER, OS QUE PODEM SE MEXER, E OS QUE SEM MEXEM. BENJAMIN FRANKLIN.*

CAPÍTULO 1 - IGREJA E O ESTADO

Muitos servos de Deus, obreiros abençoados, sentem receio em lidar com questões que envolvem a criação da personalidade jurídica da Igreja. Uma igreja, geralmente, nasce no lar de um membro ou com um pequeno grupo, e, gradualmente, o Senhor vai dando o devido crescimento ([1 Coríntios 3:6](#)), contudo, uma igreja só nasce de direito, para o Estado, quando ela é registrada nos órgãos competentes.

- Vivi algumas experiências quando precisei buscar serviços públicos em duas situações distintas: num primeiro momento, sem possuir documentos oficiais e, depois, em posse desses documentos. Confesso a vocês que os tratamentos que recebi entre a primeira e a segunda situação foram absolutamente distintos e posso dizer com toda convicção que sem documentos perante o Estado, somos tratados como o "senhor ninguém".

Em qualquer órgão que você vá, representando sua igreja, tenha por certo que vão exigir documentos que comprovem quem você é e qual é o seu papel legal na instituição. Portanto, neste primeiro capítulo, vou relacionar os principais documentos que são necessários para que sua igreja obtenha a personalidade jurídica, necessária para ser devidamente representada junto ao Estado.

A documentação necessária para a igreja é obtida por meio de um processo que ocorre ao longo de alguns meses, porque depende de prazos e cumprimento de protocolos de órgãos públicos, por isso, exigirão paciência e persistência, então, não queira resolver tudo às pressas ou de uma única vez: é necessário dar um passo de cada vez!

> *SE NÃO PUDER VOAR, CORRA. SE NÃO PUDER CORRER, ANDE. SE NÃO PUDER ANDAR, RASTEJE, MAS CONTINUE EM FRENTE DE QUALQUER JEITO.*
> *MARTIN LUTHER KING.*

1.1 REGISTRO DE MARCA

Para ter exclusividade sobre o nome de um serviço ou produto, ou ainda um logotipo que identifique a igreja, você precisa, antes de tudo, registrar uma marca. Esse é o primeiro passo antes de qualquer outro. Imagine que você faça toda a documentação da igreja, registre tudo em cartório, abra conta bancária, e, mais tarde, receba uma surpresa desagradável, como uma notificação que lhe obrigue a deixar de usar o nome ou o logotipo escolhido, porque é similar a uma marca já registrada por outra instituição.

Refazer tudo seria o caos!

Mesmo que sua igreja já esteja com nome e logotipo criados, vale a pena acessar o site do Instituto Nacional da Propriedade

Industrial, que é coordenado pelo Ministério da Indústria, Comércio Exterior e Serviços, para fazer uma consulta.

É possível consultar o [Guia Básico de Marca do INPI](#) para fazer o registro, mas caso seja similar ou esteja protegida por terceiros, **seria ideal buscar apoio de uma consultoria para verificar uma opção alternativa ou uma alteração que torne possível o seu registro.**

> *VOCÊ NÃO PODE PARAR AS ONDAS, MAS PODE APRENDER A SURFAR. JON KABAT-ZINN.*

Dica: Quando a igreja ainda não possui a documentação pronta, a alternativa é registrar a marca em nome da pessoa física que está tratando os documentos (você), e, posteriormente, fazer a transferência da posse da marca para o CNPJ da igreja.

1.2 CONFISSÃO DE FÉ

Toda igreja possui sua Confissão de Fé, ainda que ela não esteja escrita. Nela, constará pontos importantes sobre como ela acredita em Deus. Algumas igrejas possuem uma Confissão de Fé muito bem detalhada, enquanto que outras são mais simples. A Confissão de Fé é o ato declaratório que vai **regular a vida espiritual** dos seus membros, por isso, deve ser bem discutida porque todos deverão segui-la e obedecê-la.

A Confissão de Fé mais conhecida que existe é a Apostólica, e é natural que muitas igrejas criem a sua a partir dela, podendo desdobrar mais detalhes ou só alterar uma coisa ou outra, mantendo sua essência. É importante lembrar que, pela Confissão de Fé, as igrejas se assemelham ou se distinguem entre si, a tal ponto, de, inclusive, aproximar-se ou distanciar-se definitivamente.

Muitas denominações conhecidas foram classificadas como participantes de movimentos contraditórios porque incluíram em sua Confissão de Fé pontos polêmicos de discordância da sã doutrina bíblica e, por isso, perderam sua comunhão com as demais igrejas. Portanto, é necessário muito cuidado neste ponto.

Se você participa de uma igreja que já possui sua Confissão de Fé escrita, basta copiá-la na íntegra para a elaboração do Estatuto Social, que vamos abordar a seguir.

E VÓS, QUEM DIZEIS QUE EU SOU? MATEUS 16:15.

1.3 ESTATUTO SOCIAL

O Estatuto Social é o próximo documento. Ele é utilizado pelas igrejas como uma certidão de nascimento da pessoa jurídica. Ele precisa ser criado antes do CNPJ, assim como a Certidão de Nascimento de uma criança é feita antes do seu CPF. Consultada e registrada a marca da igreja no INPI, estabelecida da Confissão de Fé, está na hora de criá-lo.

O Estatuto Social será redigido em Capítulos e Artigos, devendo contemplar uma Estrutura Básica, conforme o exemplo a seguir:

CAPÍTULO	DESCRIÇÃO
CAPÍTULO I	PACTO DA IGREJA: DA DENOMINAÇÃO, SEDE, DURAÇÃO, DOS OBJETIVOS, DA CONFISSÃO DE FÉ
	É uma organização religiosa, sem fins

CAPÍTULO	DESCRIÇÃO
	lucrativos, de duração por tempo indeterminado... Anunciar o evangelho, promover a edificação... Cremos em Deus, criador e sustentador de todas as coisas...
CAPÍTULO II	DOS MEMBROS DA IGREJA, SEUS DIREITOS E DEVERES A admissão ao quadro de membros da igreja far-se-á...
CAPÍTULO III	DOS PROCEDIMENTOS DISCIPLINARES Ficam sujeitas à pena de admoestação e ou perderá sua condição de membro...
CAPÍTULO IV	ASSEMBLEIAS DA IGREJA A Assembleia Geral da Igreja é constituída de todos os seus membros legalmente capazes...
CAPÍTULO V	DAS IGREJAS CONGREGAÇÕES E FILIADAS A denominação, ou campo ministerial, mantém congregações filiadas à igreja matriz...
CAPÍTULO VI	DIRETORIA EXECUTIVA A Administração dos negócios e patrimônio da IGREJA será exercida pela Diretoria Executiva, a qual será constituída de...
CAPITULO VII	DO MINISTÉRIO O Ministério da IGREJA é composto de: Pastores(as), Presbíteros, Evangelistas, Diáconos e Diaconisas...
CAPITULO VIII	DO PATRIMÔNIO O patrimônio da IGREJA é constituído da totalidade dos bens móveis, imóveis e semoventes, que possua ou que venha a possuir...
CAPITULO IX	DO ESTATUTO, DAS DISPOSIÇÕES GERAIS

CAPÍTULO	DESCRIÇÃO
	E FORO Este Estatuto somente poderá ser reformado pela... Este Estatuto entrará em vigor a partir da sua aprovação e registro em cartório competente, ficando revogadas disposições em contrário...

Esse documento deve ser bem elaborado haja vista que ele vai **regular a vida jurídica** da igreja. Esse documento, uma vez registrado, será requisitado em vários momentos para as demais atividades administrativas da igreja, o que veremos, nos tópicos seguintes.

1.4 ATA DE FUNDAÇÃO DA DIRETORIA

O Registro do Estatuto Social deve estar acompanhado de uma ATA de Fundação, e devem ser apresentados juntos no Cartório Civil de Pessoas Jurídicas da cidade onde a igreja está situada.

Essa ATA de Fundação determinará a diretoria que administrará a igreja durante um determinado período. Quando ela vencer, será feita uma nova ATA de Diretoria.

Ao final deste livro, deixarei o link para que você obtenha os modelos eletrônicos!

1.5 CNPJ – CADASTRO NACIONAL DE PESSOA JURÍDICA

No Brasil, toda pessoa jurídica é identificada no Cadastro Nacional da Pessoa Jurídica com um número único junto à Receita Federal, do Ministério da Fazenda. **É recomendável que esse procedimento seja feito por meio de um escritório de contabilidade** e que a forma de associação privada tenha como atividade a organização religiosa ou filosófica.

Para o processo de registro, será solicitado o Estatuto Social, bem como a documentação pessoal dos membros da Diretoria Executiva (RG, CPF, comprovante de residência etc.).

O tempo de registro pode variar muito conforme os procedimentos estabelecidos pelos órgãos públicos envolvidos ou, ainda, de acordo com a quantidade de serviços que os mesmos possuem.

> *TUDO TEM SUA BELEZA, MAS NEM TODO MUNDO CONSEGUE ENXERGÁ-LA. CONFÚCIO.*

1.6 CCM – CADASTRO DE CONTRIBUINTE MOBILIÁRIO

É o número do cadastro junto à Prefeitura onde o imóvel da igreja está situado, e é utilizado para fazer os registros dos dados cadastrais de todas as atividades envolvendo a igreja junto à municipalidade. Sempre que for necessário tratar um assunto com a Prefeitura local, esse número será exigido.

1.7 ATA DE DIRETORIA

Como já tratamos no item 1.4, a ATA de Fundação determinará a diretoria que administrará a igreja durante um determinado período e, quando ela vencer, deverá ser criada nova ATA de Diretoria. O período de mandato pode variar de igreja para igreja, mas, em geral, é anual.

Por questões lógicas, no primeiro ano, a ATA de Fundação será constituída pelas mesmas pessoas do Estatuto Social, mas, com o passar dos anos, em função de mudanças que ocorrem no ministério, as ATAS de Diretoria subsequentes, naturalmente, já não terão as mesmas pessoas que estavam estabelecidas no início, quando foi criado o Estatuto Social.

DOCUMENTO	QUANDO FAZER?	QUANDO MUDAR?
ESTATUTO SOCIAL	NO INÍCIO	QUANDO HOUVER ALTERAÇÕES EM SEUS ARTIGOS
ATA DE FUNDAÇÃO DE DIRETORIA	NO INÍCIO	REDIGIDA UMA ÚNICA VEZ
ATA DE DIRETORIA	ANTES DO VENCIMENTO DA ATA DE FUNDAÇÃO	QUANDO VENCER OU HOUVER ALTERAÇÕES NO CORPO DIRETIVO

Não espere vencer os prazos! É importante dizer que não se deve esperar expirar a do mantado vigente para constituir a nova Diretoria do próximo período. **A nova ATA precisa ser estabelecida antes de vencer o mandato atual** para que a nova diretoria possa dar continuidade ininterruptamente aos trabalhos administrativos da igreja.

A ATA de Diretoria é, minimamente, constituída por:

Função	Grupo
Pastor Presidente	Presidência
Vice-Presidente	
1º Secretário	Secretaria
2º Secretário	
1º Tesoureiro	Tesouraria
2º Tesoureiro	

Existem igrejas que possuem uma terceira pessoa para cada grupo, mas essa determinação, de antemão, deve constar no Estatuto Social, pois não deve haver divergência entre ambos os documentos.

O que deve ter na ATA de Diretoria?

O modelo pode mudar dependendo do cartório, neste caso, recomenda-se, antes de fazer o documento, procurar o cartório local para obter o modelo padrão (esqueleto) que é utilizado por ele, assim, se evitará que seja devolvido ou recusado, o que geraria retrabalho e desperdício de recursos.

Vamos citar aqui os documentos que, geralmente compõem a ATA de Diretoria.

TIPO	BREVE DESCRIÇÃO
EDITAL DE CONVOCAÇÃO	Preencher com os dados da igreja: CNPJ, nome da Igreja, nome do pastor, endereço local da igreja, hora e data da reunião que será realizada. Divulgar com 15 dias de antecedência ou conforme constar no Estatuto Social. Não é necessário reconhecer assinatura em cartório.
ATA DE DIRETORIA	Elaborar a ATA com os mesmos dados da igreja, data da reunião e horário (que devem ser os mesmos descritos no edital de convocação e na lista de presença). A ATA deve conter também Nome do presidente da Assembleia, que deverá ser o pastor dirigente e o nome do Secretario da mesa. Obs.: Geralmente, são duas vias originais com a assinatura do presidente da mesa reconhecida em cartório.
LISTA DE PRESENÇA	Preencher o cabeçalho da lista de presença igualmente com os dados da igreja, colher as assinaturas nos membros, que são os irmãos da igreja (o máximo de assinaturas que puder). Geralmente são duas vias, uma original e outra cópia autenticada.
REQUERIMENTO DE REGISTRO	Preencher o modelo de requerimento do cartório, solicitando ao Oficial o registro da ATA em questão. Deve ser assinado

TIPO	BREVE DESCRIÇÃO
	pelo presidente da mesa, com reconhecimento da Assinatura em Cartório.

QUANDO AS PESSOAS ESTÃO DETERMINADAS, ELAS CONSEGUEM ALCANÇAR QUALQUER COISA. NELSON MANDELA.

1.8 CONTAS DE CONCESSIONÁRIAS

Uma igreja que possui toda a documentação citada anteriormente, não tem mais motivos para manter contas de concessionárias (água, luz, telefone etc.) em nome do pastor, ou do antigo proprietário do imóvel, ou do tesoureiro da igreja, ou de qualquer outra pessoa física.

Basta que o dirigente procure os escritórios das Concessionárias e leve consigo os documentos originais e cópias do Estatuto Social, ATA de Diretoria, CNPJ, RG, CPF, Comprovante de Residência, para preencher os formulários e passar tudo para o nome da igreja.

Essa documentação pode variar dependendo das regras da Concessionária.

Se você avançou até aqui, Parabéns!!

A VITÓRIA ESTÁ RESERVADA ÀQUELES QUE ESTÃO DISPOSTOS A PAGAR O PREÇO. SUN TZU.

1.9 CONTA BANCÁRIA

Igualmente ao item 1.8, uma igreja que possui toda a documentação citada anteriormente, não precisa mais usar contas de membros ou do pastor da igreja.

Hoje em dia as transações financeiras envolvendo dinheiro em espécie estão cada vez mais antiquadas. Um membro cuja igreja não tem conta bancária, geralmente, precisa se dirigir a um caixa eletrônico para sacar dinheiro, ficando exposto a riscos de assalto, furto ou extravio.

Os riscos para as igrejas ou os tesoureiros também são cada vez mais alto.

Com conta bancária, tudo fica mais seguro e fácil! Um membro pode transferir o dízimo para a conta da igreja e colocar seu comprovante no envelope, depositando no altar, durante o culto, sem perder o sentido da adoração.

Uma conta bancária é muito bem vinda para uma igreja, nestes tempos modernos.

As vantagens são inúmeras:

a) comodidade para uso de aplicativo no celular;

b) transferências online;

c) compras para a igreja com cheque ou cartão;

d) divulgação da conta na internet para campanhas de doação;

e) Agendamento de contas de concessionárias em débito automático;

f) Obtenção de crédito para investimento em melhorias etc.;

g) Vinculação de conta poupança para reservar dinheiro para algum projeto;

h) Uso de máquina de cartão de crédito e débito para transferência online do dízimo ou oferta;

Basta procurar uma agência bancária disposta a abrir conta de pessoa jurídica para a igreja.

Quando passei por essa etapa, senti muita dificuldade no pedido de abertura de conta para nossa igreja, mesmo participando de uma denominação com nome limpo.

Então, deixo aqui uma dica: Prefira abrir conta de pagamento digital, que não gera taxas bancárias abusivas.

1.10 REGIMENTO INTERNO

O Regimento Interno, como o nome já sugere, é um regulamento interno que detalha alguns assuntos que se referem a uma condição específica da igreja ou que ficaram mais resumidos do Estatuto Social, como, por exemplo, regulamentar os "usos e costumes", delinear questões sobre batismo, Ceia etc.

Portanto, esse documento pode ser estabelecido internamente, por meio de uma reunião de conselho com obreiros e com a devida ATA de Reunião, e lista de presença para assinaturas dos participantes. Sua publicação não necessita ser registrada em cartório, mas deve ser conhecida de todos os membros da igreja.

O ideal é transformar em livreto e distribuir aos membros da igreja.

> *AQUELES QUE DIZEM QUE NÃO PODE SER FEITO, NÃO DEVERIAM INTERROMPER AQUELES QUE ESTÃO FAZENDO. PROVÉRBIO CHINÊS.*

1.11 ATAS DE REUNIÕES ORDINÁRIAS E EXTRAORDINÁRIAS

Geralmente, as igrejas costumam ter um calendário anual de atividades onde são inseridas reuniões de obreiros para tratar pautas administrativas da igreja. Essas reuniões são chamadas de "Reuniões Ordinárias", porque são regulares (previamente agendadas).

Quando algo importante precisa ser tratado emergencialmente, numa data que não estava previamente estabelecida, é feita uma "Reunião Extraordinária", que, como o nome sugere, é algo que está fora do ordinário e que tem caráter emergencial.

Em ambos os casos, recomenda-se que:

a) Seja feito um Edital de Convocação antecipado, que deve ter publicidade (falado de púlpito e apensado no mural da igreja);
b) Que seja feita a pauta da reunião para que todos aqueles que irão participar

saibam o que será tratado no início da reunião;

c) Que se observe um modelo padrão de ATA, a ser adotado pela igreja, para que não haja documentos diferentes elaborados pelo mesmo ministério;

d) Que tenha lista de presença com nomes de todos os que vão participar, para assinarem no campo correspondente.

Deixaremos no apêndice final do livro o Modelo 1 - ATA DE REUNIÃO (ORDINÁRIA OU EXTRAORDINÁRIA), que é muito utilizado em grandes corporações. É claro que esse é só um modelo, que pode ser modificado, visando melhorias.

Uma vez tratado este primeiro capítulo, passaremos ao próximo tema, no capítulo dois.

Ao final deste livro, deixarei o link para que você obtenha os modelos eletrônicos!

CAPÍTULO 2 - MEMBRESIA E FREQUÊNCIA DE CULTO

2.1   CADASTRO DE MEMBROS

Certo dia, um pastor, que tinha chegado recentemente numa congregação, estava passando por uma das ruas no bairro, quando decidiu visitar um membro ali perto, porém, não sabia exatamente o seu endereço. Por este motivo, telefonou para pedir os dados à secretaria. Porém, naquele momento, ela estava mexendo uma massa de bolo e não poderia parar para procurar nas fichas que estavam sobre a geladeira.

Isso o fez ficar esperando na rua até que ela levasse o bolo ao forno.

Essa situação o fez tomar a decisão de estabelecer um cadastro eletrônico de membros, permitindo o acesso de um celular.

Ele, então, precisou treinar pessoas para começar o cadastro e, principalmente, mantê-lo atualizado.

Quando a irmã trouxe as fichas para serem digitadas, elas estavam cheias de marcas de farinha e óleo.

Essa situação pode parecer um pouco cômica, mas, por incrível que pareça, muitas igrejas, ainda hoje, não possuem um cadastro de seus membros, ou quando possuem, não é tão prático e acessível.

Claro que o pastor e sua equipe tiveram um trabalho maior de início, mas, depois veio a recompensa, pois passaram a ter acesso instantâneo aos dados dos membros, podendo agilizar as visitas e o cuidado pastoral.

> É ÓTIMO CELEBRAR O SUCESSO, MAS O MAIS IMPORTANTE AINDA É ASSIMILAR AS LIÇÕES TRAZIDAS PELOS ERROS QUE COMETEMOS. BILL GATES.

Embora, estejamos tratando esse assunto no Capítulo 2, eu arriscaria dizer que o CADASTRO DE MEMBROS da igreja é algo que PODE e DEVE ser feito de imediato, porque é um controle que não depende de nenhum fator de força maior e externo que impeça seu início.

Vejamos algumas referências do cuidado que existia sobre as pessoas dentro da cultura bíblica, onde vemos que eram levantadas informações sobre o povo de Deus, que ajudavam os seus líderes na melhor organização dos recursos humanos. Esses registros demonstravam cuidado com as pessoas, pois, sabia-se, por exemplo:

a) Quantos desceram ao Egito:

Todas as almas, pois, que procederam dos lombos de Jacó, foram setenta almas; José, porém, estava no Egito. Êxodo 1:5.

b) Quantos saíram do Egito:

Todos os contados eram seiscentos e três mil e quinhentos e cinquenta. Números 1:46.

c) Quantos entraram em Canaã:

Estes são os que foram contados dos filhos de Israel, seiscentos e um mil e setecentos e trinta. Números 26:51.

Em muitos textos seguintes, vemos ainda que a contagem censitária continuava:

d) No reinado de Salomão:

E Salomão contou todos os homens estrangeiros, que havia na terra de Israel, conforme o censo com que os contara Davi seu pai; e acharam-se cento e cinquenta e três mil e seiscentos. E designou deles setenta mil carregadores, e oitenta mil cortadores na montanha; como também três mil e seiscentos inspetores, para fazerem trabalhar o povo. 2 Crônicas 2:17,18.

e) Quando voltaram do cativeiro:

Estes são os filhos da província, que subiram do cativeiro, dentre os exilados, que Nabucodonosor, rei de babilônia, tinha transportado a babilônia, e tornaram a Jerusalém e a Judá, cada um para a sua cidade; Esdras 2:1.

f) Até o período neotestamentário:

E aconteceu naqueles dias que saiu um decreto da parte de César Augusto, para que todo o mundo se alistasse. Lucas 2:1.

Fazendo o levantamento censitário os governantes tinham maior conhecimento sobre a sua população, podendo organizar as forças militares, capacidade produtiva etc.

Note que **havia não só um controle quantitativo, mas também, qualitativo**, visto que havia um registro de genealogias (Mateus 1:1-17).

Hoje, temos também a responsabilidade de buscar conhecer melhor o povo da nossa igreja, **visando organizá-la para servir ao Senhor com maior excelência.**

No gráfico abaixo, vemos um exemplo de dados consolidados, que foram gerados a partir do cadastramento dos membros de uma determinada igreja.

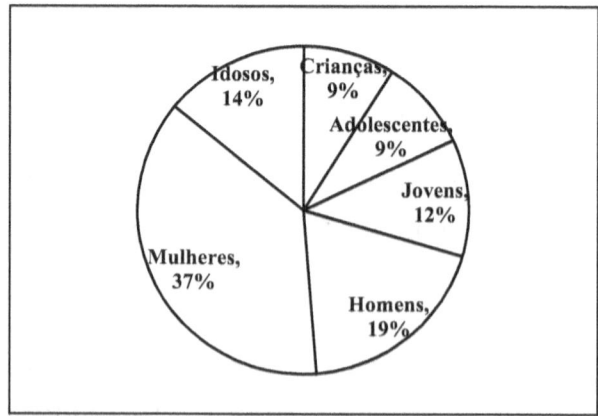

Figura 3 - Gráfico com dados consolidados da membresia.

Avaliando esse gráfico, vemos que a maioria na igreja é formada de mulheres, e existem em grupos menores: de crianças, jovens, adolescentes e idosos.

Uma informação, como essa, nos fornece um exemplo simples para sugerir alguns planos de trabalhos para a congregação:

a) Estabelecer uma agenda de trabalho com maior participação das mulheres;
b) Promover alguns recursos de acessibilidade no prédio para pessoas idosas, e algumas atividades de saúde;
c) Estabelecer um plano de trabalho para aumentar o número de crianças, jovens e adolescentes na igreja.

> TODOS NÓS PRECISAMOS DEMONSTRAR O QUANTO NOS IMPORTAMOS COM OS OUTROS E, NO PROCESSO, CUIDAR DE NÓS MESMOS. PRINCESA DIANA.

Veja que essas sugestões de plano de trabalho partiram da análise das informações que envolvem um gráfico do cadastro de membros da igreja.

Terei o imenso prazer em disponibilizar para você um modelo Relatório Anual que pode ser utilizado para estudos e apresentação.

Existe, evidentemente, um leque de dados que podem ser trabalhados. A igreja pode ter lista de aniversariantes, ou pode fazer facilmente uma lista de presença para reuniões, já com os nomes dos obreiros, previamente preenchidos, bastando assinarem no campo correspondente etc.

> *O HOMEM QUE NÃO TEM IMAGINAÇÃO, NÃO TEM ASAS. MUHAMMAD ALI.*

Vamos deixar aqui como sugestão duas formas de controle que podem ser úteis para a igreja:

a) Formulário físico: Deixaremos no apêndice final do livro o Modelo 2 – FICHA DE MEMBRO, como sugestão de uso. A partir desse formulário físico, é interessante que os dados sejam digitados em uma planilha ou uma base de dados em MS-Access (recomendo essa segunda opção), e arquivados em local seguro, visando:

a) preservar os dados com sigilo; b) facilitar o acesso aos dirigentes, para consultas necessárias.

b) Formulário eletrônico: Existem boas ferramentas de captação de dados pela internet e uma bem simples é o formulário do Google, como mostraremos no CAPÍTULO 5 - MÍDIAS. Por meio de uma conta do Gmail (recomenda-se que seja da própria igreja), é possível criar uma ficha de membro, cedendo o link para os membros digitarem seus dados. Depois, basta fazer o download da planilha e essa ferramenta gerará os gráficos!

Não descartamos aqui a possibilidade de a igreja utilizar esses dois mecanismos conjuntos, gerando registros eletrônicos e físicos.

A minha pergunta retórica aqui é: Quanto membros arrolados têm na sua igreja? Quantos são batizados? Quantos são maiores de idade? Qual é a profissão deles?

Quantos são homens? Quantos são mulheres? Quantas crianças têm? E quantos jovens e adolescentes? E, o mais importante: O que você faria com essas informações?

Todas essas questões seriam bem fáceis de responder mediante um controle estabelecido sobre os registros da membresia da igreja.

2.2 FREQUÊNCIA DE CULTO

Quantos membros frequentam os cultos na igreja? Quantos visitantes vêm ao culto? Destes visitantes, quantos são crentes de outras igrejas e quantos não são crentes? Quantas crianças vêm ao culto? Quantas conversões acontecem em cada culto? Todas essas questões podem ser tratadas com facilidade se na igreja tiver um caderno diaconal para controle de Frequência de Culto.

A tabela a seguir foi criada a partir de anotações no livro de diaconia e o método é bem simples: trata-se de um livro que preenchido durante o culto que, ao final do ano, tem seus dados compilados numa planilha, sendo posteriormente transformada em gráficos. Com o passar dos anos, pode ser criado um histórico que compare a evolução da igreja.

Ano após ano, vemos que é fácil de produzir um histórico que nos permite extrair informações que ajude a conhecer a igreja e a elaborar um plano de ação que possa promover seu desenvolvimento.

ANO	MÉDIA DE MEMBROS	MÉDIA DE VISITANTES CRENTES	SOMA DE CONVERSÕES	MÉDIA DE VISITANTES NÃO CRENTES	MÉDIA DE CRIANÇAS
2013	29	4	21	1	6
2014	42	7	12	1	8
2015	36	3	12	1	6
2016	35	5	6	2	10
2017	41	2	1	0	12

Nesta tabela, podemos fazer duas avaliações:

a) Pontos positivos: A média de quantidade de membros no culto evoluiu de 29 para 41 pessoas e o número de crianças aumentou de 6 para 12.

b) Pontos de atenção: As conversões caíram acentuadamente.

Se fôssemos propor um plano de ação nesta igreja, a partir desses dados, seria o de investir em evangelização.

> HÁ QUEM PASSE POR UM BOSQUE E SÓ VEJA LENHA PARA A FOGUEIRA. LEON TOLSTÓI.

Um caderno de diaconia pode ser bem simples! Recomendamos que seja de brochura para não perder folhas. Vamos demonstrar um modelo básico e funcional:

LIVRO DIACONAL DE REGISTRO DE FREQUÊNCIA NOS CULTOS	
DATA DO CULTO: ___/___/____	PRELETOR DO CULTO:
QUANTIDADE DE MEMBROS:	QUANTIDADE DE CONVERSÕES:
QUANTIDADE DE VISITANTES CRENTES:	QUANTIDADE DE CRIANÇAS:
QUANTIDADE DE VISITANTES NÃO CRENTES:	DIÁCONO RESPONSÁVEL:

Novamente, deixamos aqui esse modelo apenas como ideia do que pode ser feito para melhorar o controle de frequência do culto. Esse modelo pode ser estudado, adaptado e melhorado para atender a necessidade de cada igreja.

Acreditamos que seja importante ter um controle, seja ele mais simples ou mais complexo.

CAPÍTULO 3 - FINANÇAS

> *Pois qual de vós, querendo edificar uma torre, não se assenta primeiro a fazer as contas dos gastos, para ver se tem com que a acabar? Para que não aconteça que, depois de haver posto os alicerces, e não a podendo acabar, todos os que a virem comecem a escarnecer dele, Dizendo: Este homem começou a edificar e não pôde acabar. Lucas 14:28-30.*

A bíblia está repleta de exemplos envolvendo o uso e o trato correto do dinheiro, não só sobre honestidade e contentamento, como também sobre a responsabilidade do controle: **calcular para não se gastar mais do que o que possui.**

Existem bons modelos de administradores bíblicos.

Esses homens de Deus sabiam avaliar as circunstâncias e criar um planejamento adequado para avançar em tempos bons e ruins. Vem-me a mente um deles que, particularmente, admiro muito: José do Egito.

Foi um homem que soube aconselhar a Faraó sobre como agir para salvar uma nação da miséria e da fome.

Veja que ele faz isso com tal esmero que, as coisas correram dentro do seu planejamento.

Imagina todo o controle que foi realizado sobre a produção de grãos (uma das principais economias egípcias), sobre as vendas, custos de logística e armazenamento. O resultado não poderia ser melhor.

A bênção da nação egípcia foi tanta que José alcançou admiração e respeito no governo e esse reconhecimento se estendeu em bênçãos para a sua família.

OS OTIMISTAS DEMAIS NÃO ENXERGAM O ABISMO. OS PESSIMISTAS DEMAIS NÃO PERCEBEM QUE DÁ PARA ATRAVESSÁ-LO. ADMINISTRADORES.COM.

É difícil conceber um homem de Deus que não seja também um bom administrador financeiro. Uma igreja é como uma pessoa que possui necessidades, e, diga-se de passagem, as necessidades são sempre maiores do que os recursos financeiros disponíveis.

O dinheiro não dá para fazer tudo, é necessário destinar recursos priorizando algumas ações em detrimento de outras. São escolhas difíceis!

A falta de controle financeiro pode gerar muitos desgastes nas relações dentro do corpo de Cristo. Quantas vezes, se gasta mais e mal! Necessitamos de planejamento! Uma igreja tem que saber quanto entra de dinheiro, quanto gasta e onde gastou.

Uma igreja que não se autossustenta, não conseguirá dar fiel testemunho do evangelho na sociedade e no ministério: atrasará aluguel, água, luz e, para aquelas que possuem hierarquia, a taxa ministerial. **É necessário fazer contas!**

3.1 MÉTODOS DE CONTROLE

Quanto aos métodos de controle financeiro, existem muitas formas de fazê-lo: desde um caderno até um sistema de gestão. Muitos obreiros, obviamente, precisam de mais ajuda nesta área do que outros.

Por isso, vamos auxiliar neste tópico, demonstrando vantagens e desvantagens de cada "Tipo de Controle":

TIPO DE CONTROLE	VANTAGEM	DESVANTAGEM	CLASSIFICAÇÃO PESSOAL
FÍSICO, ARTESANAL (CADERNO, LIVRO).	REGISTRO ESCRITO, MANUAL E SEM POSSIBILIDADE DE INVASÃO OU ATAQUE CIBERNÉTICO.	MANUSEIO DIFÍCIL E DEMORADO PARA LEVANTAMENTO DE INFORMAÇÕES (GRÁFICOS DE DESPESAS COM ÁGUA, LUZ ETC.). LENTIDÃO NO PROCESSO DE PLANEJAMENTO E DECISÓRIO.	RUIM
ELETRÔNICO (PLANILHA, BANCO DE DADOS).	REGISTRO DIGITADO, CÁLCULOS AUTOMÁTICOS, RELATÓRIOS E GRÁFICOS RÁPIDOS.	ACESSO EM COMPUTADOR LOCAL, RISCO DE DANOS NO EQUIPAMENTO, ATAQUE CIBERNÉTICO, IMPERÍCIA DO USUÁRIO (EXCLUSÃO POR ACIDENTE OU DUPLICAÇÃO DE	MEDIANO, BOM

TIPO DE CONTROLE	VANTAGEM	DESVANTAGEM	CLASSIFICAÇÃO PESSOAL
		DADOS).	
SISTEMA GERENCIAL VIA WEB.	MOBILIDADE: ACESSO DE QUALQUER LOCAL POR SENHA E NÍVEIS DE ACESSO, RELATÓRIOS, GRÁFICOS.	EXIGE TREINAMENTO E PESSOA QUALIFICADA PARA USO DO SISTEMA, PODE GERAR CUSTOS QUE A IGREJA TENHA DIFICULDADE DE ARCAR.	BOM, EXCELENTE, IDEAL

Como vimos, existem ferramentas que podem auxiliar na gestão financeira da igreja, mas, o que não pode, é não ter ferramenta!

Vou deixar ao final, no apêndice, o Modelo 3 – RELATÓRIO FINANCEIRO, que foi construído num editor de planilha, onde é possível ter uma ideia de como fazê-lo.

> *O QUE NÃO PODE SER MEDIDO, NÃO PODE SER GERENCIADO. WILLIAM EDWARDS DEMING.*

Outra ferramenta, que, a meu ver, é melhor do que um editor de planilhas é a base de dados (MS-Access) que, se bem construída, atende muito bem as necessidades da igreja.

Afirmo por experiência, porque utilizamos esse recurso por quinze anos na igreja e os resultados foram excelentes! Aprendemos a gerenciar dados de: cadastro de membros, financeiro e patrimonial.

Já implantei essa ferramenta em igrejas de pastores que são meus amigos e até hoje estão funcionando muito bem.

Já os modelos físicos e artesanais (geralmente manuscritos em cadernos) atenderam bem às necessidades de sua época, mas, hoje, a nossa realidade é totalmente diferente, visto que precisamos de informações precisas e em tempo real para tomar decisões rápidas e acertadas.

A meu ver, os melhores "Tipos de Controles" disponíveis são os sistemas gerenciais via web, onde as pessoas autorizadas têm o acesso a consultas e relatórios até mesmo pelo celular.

Hoje, muitas ferramentas via web oferecem às igrejas uma gestão completa de seus dados: a) cadastro de membros (inclusive o membro acessa seus dados pelo celular ou computador pessoal); b) gestão financeira; c) patrimonial; d) escola bíblica; e) prontuário pastoral (para gestão de atendimento a membros); f) página via web para publicações e divulgação dos trabalhos da igreja;

Em nossa igreja, tivemos o privilégio de implantar uma ferramenta via web, aposentando a base de dados (MS Access), e confesso que fiquei surpreendido com os resultados.

O povo de Deus merece o melhor!

O GÊNIO É 1% INSPIRAÇÃO E 99% TRANSPIRAÇÃO.
KATE SANBORN.

3.2 ORÇAMENTO DA IGREJA

O que é um orçamento? É uma estimativa de recursos necessários para administrar a igreja. A igreja possui despesas "fixas" e "flexíveis" e é necessário classificá-las para controlar melhor o orçamento.

Exemplo de despesas fixas:

DESCRIÇÃO	CENTRO DE CUSTO	MINISTÉRIO	VALOR
AJUDA PASTORAL	ADMINISTRATIVO	PASTORAL	R$ 500,00
INSS	ADMINISTRATIVO	PASTORAL	R$ 100,00

DESCRIÇÃO	CENTRO DE CUSTO	MINISTÉRIO	VALOR
CONTA DE ÁGUA	ADMINISTRATIVO	ZELADORIA	R$ 100,00
CONTA DE LUZ	ADMINISTRATIVO	ZELADORIA	R$ 70,00
CONTA DE TELEFONE	ADMINISTRATIVO	ZELADORIA	R$ 150,00
ALUGUEL OU HIPOTECA	ADMINISTRATIVO	ZELADORIA	R$ 1.000,00
TAXA MINISTERIAL	ADMINISTRATIVO	SEDE	R$ 550,00
OFERTA MISSIONÁRIA	BASE EXTERIOR	MISSÃO	R$ 150,00
TOTAL DE DESPESAS FIXAS			R$ 2.620,00

Observe, neste exemplo, que classifiquei todas despesas acima como "fixas", porque elas não podem deixar de ser pagas. Neste caso, para a igreja ser autossustentável, ela necessitará de entradas de, no mínimo, R$ 2.620,00, para sua manutenção mensal.

Logo, todo o recurso financeiro adicional poderá ser utilizado em Despesas Variáveis, como AJUDA AOS NECESSITADOS, REFORMAS, MANUTENÇÕES, CONGRESSOS, EVENTOS etc.

Observamos aqui algumas sugestões:

a) No caso dessa igreja, que paga aluguel, pode ser feito um planejamento de reserva de dinheiro para aquisição de um imóvel.

b) Caso seja feita uma reserva para a compra de um terreno, não é recomendável levar esse programa a "ferro e fogo", deixando a escola das crianças sem lanche, os irmãos, que precisam se locomover para prestar serviços para a igreja, sem condução etc. Dirigir a igreja é como dar manutenção num avião em pleno voo, onde você tem que arrumar o que é necessário sem deixar "a máquina parar de voar". Quando falamos de orçamento de igreja, é natural apareçam demandas com alimentação, transporte, estudos etc., porque as despesas da igreja são como de uma família, só que uma família de Deus.

c) Outro ponto importante é que existem pastores que têm emprego secular e dividem sua vida profissional com as responsabilidades ministeriais, e outros pastores decidiram se dedicar integralmente no ministério. Parece plausível que ambos necessitem de auxílio pastoral, para suprirem suas necessidades, pois a bíblia diz que "Digno é o obreiro do seu salário". [1 Timóteo 5:18](). Para muitos pastores é constrangedor chegar à igreja para pedir ajuda, por isso, é necessário que os obreiros estejam atentos às necessidades do pastor, mantendo um auxílio pastoral digno e, ao mesmo tempo, compatível com as condições da igreja, pago em dia, com as devidas correções anuais, para zelar pela vida do pastor e da sua família.

d) Quanto aos pastores que são dedicados exclusivamente ao ministério, parece ser admissível que a igreja acompanhe se ele possui os recolhimentos da Previdência Social durante o período que exerce o seu pastorado, porque se ele: a) ficar doente; b) sofrer um acidente ou falecer ou; c) chegar à idade da aposentadoria; e não tiver os recolhimentos feitos corretamente, a igreja sofrerá ao ver o pastor ou a sua família sem o amparo financeiro do Fundo da Seguridade Social. Uma situação assim envergonharia o nome da igreja e, em última análise, o nome do Evangelho e do Senhor. Têm pastores que passam a vida na Obra e não entendem que isso é importante, relegando essa questão a último plano, portanto, a igreja precisa tratar essa despesa como fixa, provisionando o recurso mensal para seu pagamento em dia.

> SUCESSO NÃO TEM A VER COM O DINHEIRO QUE VOCÊ GANHA. TEM A VER COM A DIFERENÇA QUE VOCÊ FAZ NA VIDA DAS PESSOAS. MICHELLE OBAMA.

A partir de um orçamento bem feito, podemos delinear metas com os obreiros e apontar para onde queremos avançar juntamente com toda a igreja. Quando as pessoas participam das decisões, estão informadas das ações, a adesão, com certeza, será bem maior! Vamos falar disso no tópico da transparência.

3.3 GESTÃO TRANSPARENTE NA IGREJA

Transparência! Está aí uma questão extremamente difícil para nós.

Lidar com as informações de forma transparente é uma nova tendência na sociedade contemporânea e tem inclusive influenciado a legislação pública brasileira. Hoje, existem portais de transparência na área pública, de determinados órgãos, onde o cidadão consegue acompanhar a entrada de receitas e a destinação de recursos.

Mas, tudo ainda é uma grande inovação, que, por vezes, nos causa receios.

Um obreiro de valor sabe prestar contas! No Regimento Interno de nossa igreja, ficou estabelecido que: "O pastor tem o dever de zelar pela prestação de contas na forma e nos prazos estabelecidos". Como obreiros da Casa do Senhor, teremos que prestar contas com algumas partes: a) com Deus; b) com nossa família; c) com nossos superiores no ministério; d) com nossos obreiros; e) com nossa congregação;

A meu ver, alguém que não consegue prestar contas precisa ser orientado e auxiliado. Precisamos ajudar aqueles que estão com mais dificuldades, compartilhar experiências, andar e crescer juntos.

> *NA VIDA NÃO HÁ NADA A TEMER, APENAS A SER COMPREENDIDO. MARIE CURIE.*

A prestação de contas, feita com as partes envolvidas, na igreja, pode variar entre as diferentes denominações, conforme as políticas ministeriais que envolvem segurança, sigilo e níveis hierárquicos, mas, independente das regras da denominação, o que não podemos mais conceber é a falta de gestão adequada das informações (controles e relatórios gerenciais) que permeie uma boa prestação de contas.

Uma administração sem bons mecanismos de controle pode pôr em xeque o trabalho e a credibilidade do pastor, da igreja e do Evangelho, facilitando os ataques do inimigo, que, em todo tempo, lança dúvidas contra o caráter da liderança.

Quem já viveu na pele sabe com propriedade que uma das coisas mais terríveis para um obreiro do Senhor é ter seu caráter colocado em dúvida.

Lembro ainda que é ideal que a documentação financeira da igreja seja devidamente classificada (por ordem numérica, de data ou alfabética) e arquivada em pastas anuais por tempo indeterminado. Nunca se sabe quando será necessário resgatar um relatório assinado, uma nota fiscal etc.

É questão de qualidade em gestão! No mundo corporativo, nos Sistemas de Gestão da Qualidade, nós aprendemos que organização deve "manter os controles necessários para: identificar, armazenar, proteger, recuperar, reter e dispor dos registros".

Vamos listar aqui algumas preocupações ou entraves culturais que podem dificultar o compartilhamento de informações do trabalho administrativo numa igreja:

a) Receio de demonstrar as despesas por achar que os irmãos discordarão do que está sendo feito e de como está sendo feito;

b) Receio de demonstrar as receitas por achar que os irmãos vão pensar que a igreja já tem muito dinheiro e, que por isso, não precisam contribuir mais;

Essas e outras preocupações são válidas, mas como já dissemos, temos que fazer um trabalho cristalino, que glorifique ao Senhor e participe as pessoas de tudo o que está sendo realizado, visando o envolvimento e a unidade da igreja.

Fui tesoureiro da igreja por dez anos e me lembro que, num determinado ano, houve um escândalo envolvendo finanças de uma outra denominação evangélica, que não tinha nada a ver conosco. Naquele mês, no fechamento do relatório, tive uma desagradável surpresa: as contribuições na igreja caíram. Quase fechamos no vermelho e no mês seguinte faltaria dinheiro, se não fosse um milagre de uma oferta abençoadora que entrou num culto de quinta-feira.

Orei ao Senhor e pedi à liderança para fazer uma fala de púlpito apresentando essa questão à igreja e, pela misericórdia de Deus, nos meses seguintes as coisas se normalizaram.

> CORAGEM É A PRINCIPAL QUALIDADE DA LIDERANÇA, NÃO IMPORTA ONDE ELA É EXERCIDA.
> WALT DISNEY.

Essa situação nos desafiou a avançarmos para a questão da transparência para com a igreja. Passamos a fornecer relatório de dízimos anual para cada irmão, demonstrando suas contribuições e explicando o destino delas.

Quero deixar no apêndice o Modelo 4 – MODELO DE RELATÓRIO ANUAL DE DÍZIMOS como exemplo para ajudar você a entender uma maneira de se fazer isso.

É claro que o Espírito Santo faz a Obra de convencimento, mas, nós também procuramos fazer a nossa parte.

Ficou demonstrando para os irmãos a lisura de nosso ministério e da denominação. E percebemos que, mesmo que crises externas viessem a ocorrer, nossos irmãos permaneceriam fieis nas suas contribuições.

Foi isso o que ocorreu conosco, felizmente, tudo se normalizou para a Glória de Deus!

SEM CONFIANÇA NÃO HÁ LIDERANÇA.
ADMINISTRADORES.COM.

Depois disso, alguns irmãos conhecidos, de outras denominações, souberam desta prática em nossa igreja e compartilharam conosco que sentiam receio de fazer algo parecido em suas igrejas, pois temiam até mesmo que haveria risco de um membro acionar a igreja no sistema judiciário para obter devolução dos dizimos.

Mas, era uma preocupação que apontava para uma situação extrema, que, em nossa experiência ministerial, nunca vivenciamos.

Fazemos isso até os dias de hoje e só tivemos alegrias.

A medida que o tempo passou, adquirimos confiança da igreja e, inclusive, algumas vezes, vieram pessoas de outras denominações, conhecidas de membros nossos, que queriam dizimar na nossa igreja, contudo, orientamos essas pessoas pela Palavra de Deus a serem dizimistas em suas igrejas, porque temos o princípio de não aceitarmos dízimos de membros de outras igrejas, assim como não desejamos que nossos membros dizimem em qualquer outro lugar.

Temos que procurar ferramentas, meios, buscar sabedoria de Deus, para evoluirmos em transparência na gestão de recursos na igreja, porque, infelizmente, os escândalos são cada vez mais frequentes.

O nosso povo precisa saber que somos responsáveis, tementes a Deus e que aplicamos os recursos da igreja de forma ética, para manutenção de sua vida e atividades.

Vamos espantar todos os entraves culturais que possam existir e viver sem temores, para a Glória a Deus!

CAPÍTULO 4 - INVENTÁRIO

A gestão de bens patrimoniais, também conhecida como inventário, poderia ser tratada dentro do capítulo anterior, mas, dada a importância e desdobramento do tema, faremos isso em forma de um novo capítulo.

Biblicamente falando sempre houve uma preocupação com os "utensílios sagrados" utilizados no culto e na Casa do Senhor.

> *Mas tu põe os levitas sobre o tabernáculo do testemunho, e sobre todos os seus utensílios, e sobre tudo o que pertence a ele; eles levarão o tabernáculo e todos os seus utensílios; e eles o administrarão, e acampar-se-ão ao redor do tabernáculo. Números 1:50.*

Vemos uma bela descrição de bens patrimoniais nos relatos do reinado de Salomão (2 Crônicas 9:15-28): uma descrição que envolve os detalhamento do bem (com o tipo e material que é feito) e quantidades. Fica evidente que o controle patrimonial dos utensílios da casa do Senhor era contínuo.

Eles foram levados para a Babilônia e Esdras os trouxe de volta à Jerusalém (Esdras 7:19). Passaram-se setenta anos e como eles sabiam quais objetos eram do Templo? Fica subentendido que havia um controle patrimonial.

Os bens podem ser classificados em **mobiliários** e **imobiliários**.

4.1 BENS MOBILIÁRIOS

Os bens mobiliários são todos os itens móveis da igreja: som, móveis etc.

Você sabe quais são os bens mobiliários da sua igreja? Quantos são, onde estão, quanto valem em dinheiro? Esse controle é feito nas empresas e órgãos governamentais porque têm legislação para isso, mas ele também deve existir na igreja.

Afinal, até o Estatuto Social trata dos bens patrimoniais da igreja.

Já ouvimos falar de casos que a igreja foi roubada e não sabiam exatamente o que foi levado, assim, não conseguiram relacionar no Boletim de Ocorrência e obter ressarcimento da seguradora. Em outros casos, obreiros desleais retiraram equipamentos e demais objetos de dentro do imóvel da igreja, alegando que pertenciam a eles e não à igreja. Muitos desentendimentos desta espécie poderiam ser evitados com a elaboração de um Inventário Patrimonial.

Quero deixar aqui um modelo de relatório patrimonial que pode ser criado na igreja, em forma de planilha.

CÓDIGO	TIPO DE ITEM	DESCRIÇÃO	FORMA AQUISIÇÃO OU SAÍDA	VALOR(R$)
13	MÓVEIS E UTENSÍLIOS	ARMARIO ALTO COM SEPARACAO AO MEIO, DUAS PORTAS, AZUL CRISTAL, 0,17X0,93X1,60M	COMPRA	R$ 476,00
21	MÓVEIS E UTENSÍLIOS	ARMARIO DE MADEIRA, SUSPENSO, UMA PORTA HORIZONTAL 0,86X0,33X0,30	BAIXA	R$ 0,00

| 32 | MÓVEIS E UTENSÍLIOS | ARMARIO MADEIRA COMPENSADA, BRANCO GELO, COM DUAS PORTAS 1,25X0,76X0,43M. | DOAÇÃO | R$ 150,00 |

Necessariamente, esses patrimônios, constantes no relatório, precisam ser identificados também com etiquetas adesivas. Se você adquirir um sistema de gestão via web, é possível que você consiga inclusive imprimir as suas etiquetas com códigos de barras, como demonstrado a seguir:

Figura 4 - Modelo de Etiqueta de chapa patrimonial.

Veículos também são bens patrimoniais móveis e devem ser catalogados, assim, como bens imobiliários.

Uma igreja que possui toda a documentação oficial em ordem já pode

comprar tudo o que precisar no nome da própria igreja. Não há mais necessidade de fazer aquisições ou manter bens e veículos em nome de membros.

Dica: Na nossa igreja foi impresso e plastificado um cartão com o número de CNPJ para que os obreiros façam compras de qualquer item, para a igreja, utilizando os dados da mesma.

A cada ano os dirigentes da igreja podem imprimir o relatório patrimonial atualizado para prestação de contas com a igreja e obreiros, demonstrando a evolução patrimonial, através da incorporação de novos bens, que foram adquiridos ao longo do ano, ou do descarte de outros que deixaram de ter vida útil.

4.2   BENS IMOBILIÁRIOS

Muitas igrejas já conquistaram o seu imóvel próprio. Em algum momento da sua história, homens de Deus assumiram esse desafio e conseguiram tirar a igreja do aluguel. Porém, muitas vezes, por fatores diversos e de força maior, geralmente falta de documentação básica, o imóvel foi colocado no nome do pastor ou um membro fundador e, com o decorrer do tempo, a situação que, a princípio, seria provisória, tornou-se definitiva.

Dentro da Cultura bíblica, desde muito cedo era muito comum que as pessoas negociassem lotes de terra e formalizassem a possessão publicamente perante testemunhas (esse procedimento conferia ao proprietário os mesmos poderes legais de uma Escritura de Imóvel).

Deus prometeu uma terra a Abrão (em Gênesis 13:17,18), e somos informados que, depois, ele tomou posse dela por meio de aquisição, e essa negociação foi oficializada de forma pública (Gênesis 23:4-9). Se fosse hoje, Abrão e os filhos de Hete teriam ido ao Cartório local fazer a transferência da Escritura do Imóvel.

E o que dizer de Jeremias? Comprou um terreno de seu primo, que ficava em Anatote, pagou por ele, e depois todos assinaram a Escritura (comprador, vendedor e testemunhas), confirmando com os selos de autenticidade. Fizeram tudo segundo a lei e os estatutos! O documento ficou arquivado em local seguro para garantir o direito de posse no retorno do cativeiro (Jeremias 32:9-12).

Se sua igreja possui imóvel próprio, você já procurou analisar os documentos de aquisição? Tem Escritura em Cartório ou apenas Contrato de Gaveta? Em nome de quem está o imóvel? Ficou no nome de um pastor que ainda dirige a igreja? Ou está no nome de um pastor aposentado? Não seria momento de resolver essa questão?

A igreja precisa ter a posse do documento oficial de seu imóvel, porque esse é o jeito biblicamente ideal.

Deixo aqui a lição de casa para você!

Um contrato de gaveta é um instrumento particular de compra e venda de imóvel, que deve ser substituído por uma Escritura Definitiva. Documentos assim são caros, porém, extremamente essenciais, pois, mais caro que o documento é o risco da igreja ficar sem imóvel.

Bem diz minha mãe: é melhor morar num casebre que é seu do que num palácio que é dos outros. É melhor gastar todo o dinheiro no documento, mesmo que seja para ter um prédio simples, do que investir recursos num prédio que não têm os documentos de posse definitiva.

Para começar a explorar essa questão, é necessário:

a) Levantar toda a documentação existente (Contrato, Procuração etc.);

b) Procurar o cartório para iniciar o processo de Escritura ou transferência (caso exista a Escritura);

Já em posse da Escritura, em nome da Igreja, é possível solicitar a imunidade tributária do IPTU junto à Prefeitura local. Imunidade é um direito Constitucional (Artigo 150, inciso IV, b) em que a igreja não paga o IPTU.

Mas, esse direito não é adquirido automaticamente em função da

alteração do IPTU para o nome da igreja. Em geral, é feito um pedido à Prefeitura, que dependerá da análise de documentos e, em alguns casos, vistoria no imóvel para certificação de que ele realmente é utilizado para "atividade fim" de igreja.

Durante a transferência do IPTU também é possível atualizar a área construída, aumentando o valor venal do imóvel e do inventário.

A transferência do imóvel implica ainda no pagamento o ITBI - Imposto de Transmissão de Bens Imóveis, mas a igreja não paga.

A igreja também precisará de um Alvará de Funcionamento, mas muitas não têm condições de obter esse documento porque o prédio não atende aos requisitos mínimos legais de: acessibilidade, vagas de estacionamento, permeabilidade de solo etc. Mas, varia de caso para caso e conforme a legislação municipal de cada território.

O ideal, depois de fazer a Escritura, é **procurar um arquiteto que possa fazer a avaliação e verificar se é possível entrar com o pedido na Prefeitura local**. Em posse do Alvará de Funcionamento, a igreja tem autorização para funcionar legalmente de maneira que ninguém poderá interferir nas suas atividades.

Todas as informações devem ser fornecidas corretamente à Prefeitura, então é importante ler atentamente os formulários antes de entrar com o pedido. Nunca protocole um pedido na Prefeitura com algum requisito faltante. Se não dá para regularizar, é melhor esperar pela anistia.

Se ouvir falar de anistia, procure um arquiteto imediatamente.

É FELIZ QUEM SONHA, MAS SÓ TEM SUCESSO QUEM SE DISPÕE A PAGAR O PREÇO PARA TRANSFORMAR O SEU SONHO EM REALIDADE. SILVIO SANTOS.

CAPÍTULO 5 - MÍDIAS

> *Quem não é visto, não é lembrado. Provérbio Português.*

O papel das mídias é indiscutível nos dias de hoje. Elas influenciam todas as pessoas em todos os lugares, para o bem e para o mal. A igreja não pode ficar alheia a esse canal de acesso às pessoas e, para ajudar você a não ter despesas com ferramentas pagas, vamos falar dos recursos gratuitos ou com preços relativamente acessíveis.

Google	
	Google Maps: É possível catalogar sua igreja no Google Maps e, a partir daí, divulgar o endereço da sua igreja. Uma pessoa convidada que não sabe exatamente onde fica a igreja, pode simplesmente digitar o nome da igreja no Google e ela será direcionada para o mapa. Alguém que já está na igreja, pode compartilhar o link do mapa no celular para um convidado que ainda não chegou, auxiliando no itinerário.
	Google Agenda: Geralmente as igrejas fazem sua programação por meio de um calendário, que, depois de pronto, fica à disposição de todos os membros. Neste caso, a ferramenta Agenda pode ser usada para inserção desses compromissos. Quando um compromisso é inserido, a ferramenta pergunta se deseja repetir em outros dias, facilitando a inserção de novos compromissos. É possível tornar a agenda pública por meio de link compartilhado.

Google

Youtube: É um serviço de vídeo que permite que a igreja crie um canal e publique seus vídeos. Oferece ao público uma ampla variedade de vídeos, podendo publicar cultos, mensagens evangélicas, chamadas de eventos especiais que ainda ocorrerão. O conteúdo publicado pode ser indexado em sites e redes sociais como o Facebook aumentando ainda mais o número de visualizações. Recomenda-se o uso com apoio de edição de vídeo para aumentar a qualidade.

Google Drive: Serviço de armazenamento de até 15GB gratuitos, onde a igreja pode armazenar seus arquivos no sistema de nuvem, num servidor absolutamente seguro, acessando de qualquer lugar onde tenha um dispositivo móvel conectado á internet. Segurança e mobilidade para as pessoas que necessitam manusear informações da igreja sem depender de usar o computador do escritório da igreja ou de arquivos físicos.

ANTES DE VOCÊ FAZER QUALQUER COISA, CERTIFIQUE-SE DO MOTIVO. TER UM PROPÓSITO É FUNDAMENTAL PARA O QUE VOCÊ VAI FAZER. A GRANDE ILUSÃO.

Facebook

Quanto ao Facebook, a igreja pode obter uma fanpage, que é uma página criada especialmente para ser um canal de comunicação com internautas, dentro do Facebook.

Essa divulgação começa pelos próprios membros e se expande a cada dia para outras pessoas.É recomendável que a fanpage fique subordinada a um perfil criado pela igreja ou por pessoa de confiança da mesma, visto que o Administrador do Perfil poderá controlar a Fanpage e transferir a administração da mesma (em caso de haver alguma mudança necessária).

Na Fanpage é possível, além da divulgação, utilizar ainda o serviço de loja. Essa é uma excelente ferramenta para igrejas que vendem alguns artigos

Site

Já o Site é o conteúdo da igreja, organizado em um único lugar, que pode ser acessado através da digitação de um endereço de internet em um navegador. Este endereço de internet é o que chamamos de domínio. Existem ferramentas de site, hoje, autodidáticas, gratuitas ou pagas, que podem servir muito bem para divulgação da igreja. Afinal, é comum uma pessoa pesquisar na internet alguma informação prévia sobre o lugar que a convidaram para ir.

Ali, podem ser disponibilizadas a história da igreja, o álbum de fotos, vídeos, mensagens, dias e horários de cultos, contato do pastor etc.

Existem ferramentas de site gratuitas ou pagas que podem ser muito fáceis de manuear e colocar sua igreja no mundo virtual.

É importante que a página seja visualmente atraente, e que também seja atualizada periodicamente, porque um site mal construído e desatualizado pode prejudicar a imagem da igreja.

A CRIATIVIDADE É A INTELIGÊNCIA DIVERTIDA.
ALBERT EINSTEIN.

É muito importante que a igreja explore bem esses caminhos, divulgando os canais de mídia, como, endereço da fanpage, do site e outros meios de comunicação em:

a) Slides do Data-show;
b) Envelopes de dízimos e ofertas;
c) Cabeçalhos das cartas de convite;
d) Rodapés dos certificados de batismo;
e) Banners de eventos etc.

Um visitante que chega ao culto e verifica que a igreja se possui canais de comunicação na internet, passa a seguir as informações da igreja por meio dessas mídias sociais. Ele curte a fanpage, acessa o site etc. É um recurso que, se for bem explorado, torna-se muito valioso para a igreja.

Então, faça bom proveito!

CAPÍTULO 6 - EVENTOS

Um evento, um congresso, uma festividade, ou qualquer outra atividade especial que pretendamos fazer na igreja, é como dar vida a algo que ainda não existe. Essa criação envolve muitos detalhes, por isso, seria interessante utilizarmos um procedimento sequencial, capaz de nos auxiliar em cada etapa, evitando que nos esqueçamos de itens importantes. Assim, seremos excelentes naquilo que nos propusemos a fazer.

Já participei de muitos eventos, em lugares diferentes, e até mesmo em algumas igrejas, em que todos percebiam nitidamente que não havia organização e planejamento. Seja porque faltava algo simples no momento da abertura, como uma bateria de microfone sem fio, mas capaz de gerar atrasos gigantescos, ou até mesmo por falta de prever um item importante, como transporte do pregador.

Para nos precavermos de não esquecer todos os passos na organização, é importante utilizarmos um formulário de *Checklist* (Lista de Verificações), que nos permitirá checar e acompanhar cada item.

Deixamos no Apêndice o Modelo 5 – LISTA DE VERIFICAÇÃO que trará uma ideia de como organizar bem os trabalhos da igreja, lembrando que por se tratar de um modelo, este pode ser modificado e melhorado para atender as necessidades da sua igreja.

Quando terminar o evento, guarde toda a documentação em arquivos eletrônicos: O *Checklist,* a planilha de controle financeiro, a pasta de fotos, e outros arquivos eletrônicos. Deixe tudo num único lugar, para que possa ser consultado quando houver um evento similar. Recomendamos arquivar tudo em serviço de nuvem como, por exemplo, o Google Drive.

Você pode ainda fazer uma reunião com a equipe de trabalho para fazer uma avaliação pós evento e identificar pontos de melhoria.

A ÚNICA COISA QUE IRÁ IMPULSIONAR SEUS RESULTADOS É AQUELE RECONHECIMENTO ÍNTIMO E

SINCERO QUE DIZ: EU AINDA POSSO FAZER MELHOR.
LEANDRO VIEIRA.

CONCLUSÃO

Você já reparou como tudo o que Deus faz é bom? (Gênesis 1:31). Tudo tem uma ordem correta. Quando Deus criou o mundo, antes de formar o homem, preparou todos os recursos que seriam necessários para que ele vivesse sem falta de nada. Não vemos um relato de que Deus tenha se esquecido de fazer algo e que, por causa disso, interrompeu o processo de criação para resolver um problema.

Eu não tenho dúvidas que Deus é um **Administrador.** Se eu pudesse resumir uma qualidade sobre Deus, no contexto deste livro, seria essa! Deus é uma Pessoa que sabe como fazer as coisas. Ele é organizado, planejado, controla e dirige todas as coisas. Deus é Excelente!

O que acho interessante nisso, é que Deus transferiu essa capacidade para nós, através de sua imagem e semelhança. Recebemos dEle a capacidade de sermos pessoas que fazem as coisas em tempo certo, da forma certa e com propósito certo.

Eu espero que esse livro seja uma provocação para um despertamento e uma inspiração para você ajudar a sua igreja a melhorar em muitas áreas, na parte de Administração.

Espero que, sinceramente, não fique apenas nas sugestões que deixei no livro, mas que você vá muito além. Ache novas ideias e as aplique para a glória de Deus! Que as pessoas percebam o quanto sua igreja é organizada, e trata as coisas de Deus com seriedade, de tal forma que vocês sejam inabaláveis neste mundo.

Se precisar de nós, estamos à disposição!

Deus abençoe!!

> *Portanto, meus amados irmãos, sede firmes e constantes, sempre abundantes na obra do Senhor, sabendo que o vosso trabalho não é vão no Senhor.* <u>1 Coríntios 15:58</u>

APÊNDICE

Modelo 1 – ATA DE REUNIÃO (ORDINÁRIA OU EXTRAORDINÁRIA)

	ATA DE REUNIÃO (ORDINÁRIA OU EXTRAORDINÁRIA)		
LOGO DA IGREJA	Assunto: Reunião Ordinária	Nº.	
		Data	
	Local: Templo, sala de reunião etc.	Horário	
		Quant. Páginas	
PARTICIPANTES			
Presidente da Mesa:			
Secretário(a) da Mesa:			
EXEMPLOS DE PAUTA			
1.	Palavra de Abertura: texto bíblico, explanação etc. *Escrever aqui o que será falado...*		
2.	Tratar do aniversário da igreja *Escrever aqui o que será falado...*		
3.	Comunicar desligamentos ou recebimentos *Escrever aqui o que será falado...*		
4.	Conserto do portão *Escrever aqui o que será falado...*		
5.	Dízimos e ofertas *Escrever aqui o que será falado...*		
6.	Palavra dos Obreiros *Escrever aqui o que foi falado...*		
DELIBERAÇÕES PARA PRÓXIMA REUNIÃO			
ATIVIDADE	RESPONSÁVEIS	PRAZO	
1. Culto Ar Livre: definir local, horário e recursos (som, água, bancos, divulgação etc.)	Missionária Josefa e equipe de evangelismo		
2. Conserto do portão: execução do serviço, pagamento, apresentação da Nota Fiscal e substituição das chaves	Diácono Cristiano, Tesoureiro Felisberto e equipe de zeladoria		
ASSINATURA DOS PRESENTES			
NOME	CARGO	ASSINATURA	
CASSIANO CASTRO	PASTOR		
CONSTÂNCIA SILVEIRA	DIACONISA/SECRETÁRIA		
JOSEFA DE SOUSA	MISSIONÁRIA		
CRISTIANO OLIVEIRA	DIÁCONO		
FELISBERTO ARAUJO	DIÁCONO/TESOUREIRO		

Modelo 2 – FICHA DE MEMBRO

Igreja Endereço e-mail		FICHA DE MEMBRO						

Dados Pessoais

	Matrícula	Nome		CPF	RG		ÓRGÃO EXPEDIDOR	
Foto 3x4	Nº Ficha Livro	Sexo	Data Nascimento	Estado Civil	Data Casamento	Naturalidade	Estado Nascimento	Nacionalidade
Grupo Sanguíneo		É doador?		Escolaridade		Formação		

Endereço

Endereço	Complemento	Bairro
Cidade	Estado	Ponto de Referência	CEP

Contato

Telefones	E-mails

Dados Profissionais

Dado Eclesiástico	Data	Data Aceito	Igreja	Cidade	UF	Pastor
Transferência						
Batismo						
Consagração						

Observações

Modelo 3 – RELATÓRIO FINANCEIRO

MÊS:		ANO:	
ENTRADA	**CENTRO DE CUSTO**	**MINISTÉRIO**	**VALOR**
Dízimo	ADMINISTRATIVO		R$ 5.000,00
Ofertas	ADMINISTRATIVO		R$ 500,00
Ofertas especiais	ADMINISTRATIVO	MISSÃO	R$ 250,00
Outros	ADMINISTRATIVO		R$ 0,00
TOTAL DE ENTRADAS			**R$ 5.750,00**
SAÍDA	**CENTRO DE CUSTO**	**MINISTÉRIO**	**VALOR**
Ajuda pastoral	ADMINISTRATIVO	PASTORAL	R$ 500,00
INSS	ADMINSITRATIVO	PASTORAL	R$ 100,00
Conta de água	ADMINISTRATIVO	ZELADORIA	R$ 100,00
Conta de luz	ADMINISTRATIVO	ZELADORIA	R$ 70,00
Conta de telefone	ADMINISTRATIVO	ZELADORIA	R$ 150,00
Aluguel ou hipoteca	ADMINISTRATIVO	ZELADORIA	R$ 1.000,00
Lanche crianças	ESCOLA BÍBLICA	ESCOLA BÍBLICA	R$ 70,00
Manutenção portão	ADMINISTRATIVO	ZELADORIA	R$ 150,00
Congresso Mulheres	EVENTO	MULHERES	R$ 150,00
Taxa Ministerial	ADMINISTRATIVO	SEDE	R$ 550,00
Oferta Missionária	MISSÃO INTERNACIONAL	MISSÃO	R$ 150,00
TOTAL DE SAÍDAS			**R$ 2.990,00**
RESUMO			**VALOR**
a) TOTAL DO MÊS (entradas-saídas)			**R$ 2.760,00**
b) Saldo Anterior			**R$ 1.000,00**
c) TOTAL EM CAIXA			**R$ 3.760,00**

Modelo 4 – MODELO DE RELATÓRIO ANUAL DE DÍZIMOS

A Paz do Senhor!

Estamos terminando este ano em posse de vitória! Temos a certeza de que o Senhor se mostrou mais uma vez o nosso supridor em tudo. Pela graças dEle em nossas vidas, tivemos os recursos financeiros necessários para manter honrados todos os compromissos da igreja, como Água, Luz e Impostos etc.

Informamos aqui, resumidamente, algumas ações realizadas neste ano: a) Manutenção do auxílio pastoral e predial com diversos reparos e melhorias, compra de materiais de escritório, de higiene e limpeza, e serviços de limpeza do templo; b) Realização da agenda de trabalhos especiais (congressos, passeios etc.); c) Subsidiamos despesas de locomoção para visitação a membros e a outras igrejas; d) Enviamos ofertas missionárias para o exterior; e) Asseguramos a recarga dos extintores, bem como, iniciamos a reforma no escritório. Mas ainda temos muitos desafios por serem alcançados!

A igreja manteve-se fiel mantenedora nos seus compromissos e, sempre que possível, socorreu a irmãos que necessitaram de apoio. Agradecemos também pelas primícias trazidas ao templo, nos cultos de Santa Ceia, que foram utilizadas na distribuição de inúmeras cestas básicas.

Temos nos esforçado para combinar uma gestão financeira responsável e perene, sobretudo, debaixo de muito temor e oração. Que possamos sempre manter o fiel testemunho do Evangelho que pregamos à nossa sociedade.

Que em 2017 o Senhor multiplique bênçãos na vida, na sua família, na sua casa e no seu trabalho!

Em Cristo, a direção.

NOME: JOSEFA DE SOUSA			GRAU ECLESIÁSTICO: MISSIONÁRIA	
DATA	MÊS	ANO	INCIDÊNCIA	VALOR
03/01/2016	JANEIRO	2016		R$ 130,00
08/02/2016	FEVEREIRO	2016		R$ 380,00
05/03/2016	MARCO	2016		R$ 261,10
09/04/2016	ABRIL	2016		R$ 195,05
30/05/2016	MAIO	2016		R$ 531,65
11/06/2016	JUNHO	2016		R$ 215,90
01/07/2016	JULHO	2016		R$ 440,00
06/08/2016	AGOSTO	2016		R$ 244,33
06/09/2016	SETEMBRO	2016		R$ 149,90
01/10/2016	OUTUBRO	2016		R$ 310,00
15/11/2016	NOVEMBRO	2016		R$ 240,00
05/12/2016	DEZEMBRO	2016		R$ 405,33
TOTAL				R$ 3.503,26

>>*Honra ao Senhor com os teus bens, e com a primeira parte de todos os teus ganhos; E se encherão os teus celeiros, e transbordarão de vinho os teus lagares [Provérbios 3:9-10].*

Modelo 5 – LISTA DE VERIFICAÇÃO

Nome do Evento:		Data do Evento:
Objetivo:		
Período de Inscrição:		Valor da Inscrição:
Forma de Inscrição:		

O que será feito?	Quem é o responsável?	Situação, Andamento?
ITEM 1 - Sobre o evento		
Agendar palestrante		
Agendar espaço		
Translado palestrante		
Montagem camarim		
ITEM 2 – Sobre a divulgação		
Divulgar evento		
Coletar Inscrições		
ITEM 3 – Recepção		
Emissão dos Certificados		
Kits de participação		
Pulseiras de Identificação		
ITEM 4 – Equipes		
Equipe de Som		
Equipe de Limpeza		
Equipe de Palco		
Equipe de fotografia e vídeo		
Equipe de Multimídia		
ITEM 5 – Cronograma		
Abertura de louvor		
Palestra		
Tempo de perguntas		
Intervalo		
ITEM 6 – Logística		
Caixa de água		
Kit lanche das equipes		
Cadeiras		
Mesas		
Toalhas		
Gestão Financeira		
ITEM 7 – Observações		

BIOGRAFIA DO AUTOR

 Brasileiro, nascido no ano de 1978, casado com Abigail desde 2007. Somos servos de Jesus Cristo, chamados, imerecidamente, segundo Seu poder e misericórdia, para serviço à Sua igreja.

Batizado na Igreja do Evangelho Quadrangular 07/09/2001, conheceu e membrou-se na 1ª Igreja Unida de Inácio Monteiro, servindo ao Senhor em diversas áreas da igreja, inclusive no pastorado.

Estudou Teologia Básica no Seminário Teológico e de Treinamento Unida e na Faculdade Teológica Batista de São Paulo.

Na vida secular, é Bacharel em Administração de Empresas, com especialização em Gestão Pública, com passagens profissionais no Tribunal de Justiça do Estado de São Paulo, Banco Nacional, Banco do Brasil Turismo e Prefeitura do Município de São Paulo.

Atuou como Professor visitante no curso de Pós-Graduação em Gestão Pública, pela *INPG Business School*, na disciplina de Gestão da Informação e do Conhecimento.

Suas vivências profissionais estão concentradas nas áreas:

a) Gestão em Tecnologia da Informação;
b) Gestão da Qualidade (NBR-ISO 9001:2008, Programa 5S, Modelos de excelência do IPEG e FNQ);
c) Supervisão de Gestão de Pessoas e Treinamento & Desenvolvimento;
d) Gestão Financeira e Administrativa;

Faça uma palestra com os obreiros da sua igreja!

Whatsapp	(11) 9.8488-1477
E-mail	marcelordavila@gmail.com
Facebook	facebook.com/marcelordavila
Linkedin	linkedin.com/in/marcelodavila

Obtenha o material de apoio gratuitamente:
Anexos_Livro

Adquira a versão e-book na *Amazon.com*:
https://goo.gl/P2PnKL

ORAÇÃO DO ADMINISTRADOR

SENHOR, diante das Organizações, devo ter consciência de minhas responsabilidades como Administrador.

Reconheço minhas limitações, mas, humildemente, junto com meus companheiros de trabalho, busco o consenso para alcançar a solução e tornar o trabalho menos penoso e mais produtivo.

SENHOR, despido do egoísmo, quero crescer, fazendo crescer, também, os que me cercam e que são a razão de minha escolha profissional.

SENHOR, administre o meu coração para que ele siga o caminho do bem, pois a mim caberá realizar obras sadias para tornar as organizações cada vez melhores e mais humanas.

Amém!

www.ingramcontent.com/pod-product-compliance
Lightning Source LLC
Chambersburg PA
CBHW031533210526
45464CB00014B/2395